しゃべらなくても楽しい！

シニアの
筋力低下
予防体操40

JN025385

＋

体操が楽しくなる！

魔法の
テクニック10

斎藤道雄 著

黎明書房

はじめに

日常生活にも役立つ体操の本

この本は，健康のために体操する本，ではありません。
健康のため，ではない？

では，何のために体操するのか？

こたえは，「体操を楽しむため」です。

その理由は？

「健康のため」に体操をする人は，ほとんどいないからです。
（少なくともボクの現場においては）
体操に参加するシニアは，口をそろえてこうおっしゃいます。

「（みちお先生の）体操は楽しい」
（だから，体操に参加する）

これが，現場の実情です。

ということで，この本は，

①　デイサービスや特別養護老人ホームなどで，
②　新型コロナによる外出自粛や三密（密閉，密集，密接）を避ける必要
　　から，
③　（運動不足で心身機能が低下しがちな）シニアと
④　その支援者が，いっしょに楽しんで体を動かして，
⑤　健康づくりをするための本です。

さらに。

※体操には，日常生活でよく行う動作をひそかに取り入れました。シニア
　の生活力を高めるために少しでもお役に立てばと思っています。
※もちろん，シニアおひとりさまの健康づくりにも役立ちます。

さて，コロナ後，ボクは新しい体操を編み出しました。

それが，「しゃべらなくても楽しい体操」です。

「なるべく声を出さないで体操してほしい」
という現場からの要望に応えて，身振り手振りだけの動作にしました。

「感染リスクを下げながら体操できる」
ということで，施設からも大変重宝がられています。

つまらない体操を楽しくしたい。

感染リスクを下げながら体操したい。

シニアによろこんでもらいたい。

そんな方々におすすめします。

この本を読めば，明日からの体操が楽しくなります！

この本の 10 の特長

1 **力がつく**
楽しく力をつける（筋力低下を予防する）体操がメインです。

2 **日常の動きでする**
体操には，日常生活で行う動作も多く取り入れました。

3 **準備なしでできる**
道具，準備一切不要です。

4 **座っても（立っても）できる**
心身レベルに合わせて，立っても座っても，どちらでも体操ができます。

5 **しゃべらないでできる**
声を出さずに，身振り手振りだけで説明します。感染予防にも有効です。

6 **かんたんにできる**
腕を曲げ伸ばししたり，足ぶみしたりするような，シニアにもかんたんにできる動作です。

7 **レクや体操に役立つ**
デイサービスや介護施設のレクや体操に超おススメです！

8 **要介護シニアにもできる**
自立から要介護レベルのシニアまで，かんたんに楽しんでできます。

9 **ひとりからでもできる**
シニアおひとりさまでも活用できます。

10 **体操が楽しくできる**
楽しくて，思わず体を動かしたくなる体操です。

この本の使い方

① はじめにおススメの体操をしましょう！

↓

② ほかの体操にもトライしましょう！

↓

③ お気に入りの体操があれば，おススメの体操と入れ替えましょう！

朝の おススメ体操	⑪ 顔の屈伸運動 ↓ 20 ページ	い —— も —— → 4回繰り返す
昼の おススメ体操	⑰ ひらいて伸ばして ↓ 26 ページ	左右交互に 2回ずつ
夜の おススメ体操	㉚ セーターを着る ↓ 39 ページ	→ 手を替えて同様に

も く じ

Ⅲ ストレッチ体操

Ⅳ 楽しくてかんたんな体操

Ⅴ　体操が楽しくなる！　魔法のテクニック

① 片手でモリモリ

胸を張って，片手だけでモリモリポーズをしてください！

ねらい
とききめ 　上腕二頭筋強化

楽しみかた

① 足を肩幅にひらいて，胸を張ります。

② 片手を腰に置いて，反対の腕を曲げてモリモリポーズをしましょう！

③ 手を替えて同様にします。左右交互に2回ずつします。

モリ

モリ

左右交互に
2回ずつ

みちお先生のケアポイント

・大胆に，堂々と，やってください！

② おもいっきりジャンケン

できる限りオーバーアクションでジャンケンしましょう！

| ねらい
とききめ | 握力アップ |

楽しみかた

① 片足を一歩前に出します。
② できる限りオーバーアクションで，ジャンケンの動作をしましょう！
③ グー，チョキ，パー各１回ずつします。手を替えて同様にします。

みちお先生のケアポイント

・シニアと支援者で，おもいっきりジャンケン対決しても楽しいです！

オーバーアクションの例
・迫力のある顔でする。頭の上から手を振り下ろす。できる限り腕を前に
　伸ばして出す。など。

③ エア重量挙げ

軽々と重いバーベルを持ち上げてください！

**｜ねらい
　とききめ**　　（ 腕のストレッチ ）

楽しみかた

① 　足を肩幅にひらいて，背筋を伸ばします。

② 　バーベルを持ち上げるつもりで，胸を張って，両腕をまっすぐ上に伸ばしましょう！

③ 　一休みして，４回繰り返します。

４回繰り返す

みちお先生のケアポイント

・②のときに，ニッコリ笑ってください！　運動効果アップです！

立ってするときは

・②のときに，片足を１歩前に，反対の足を１歩後ろに引いてしましょう！

④ ズボンをはいて

ズボンに足を通すように，片足を伸ばしましょう！

┃ ねらい
　 とききめ　　〔足腰強化〕

楽しみかた

① 　両腕を下に伸ばして，軽く手を握ります。

② 　ズボンをはくようにして，片足を前に伸ばして両腕を引き上げます。

③ 　足を替えて同様にします。最後にズボンのチャックを閉めておしまいです。

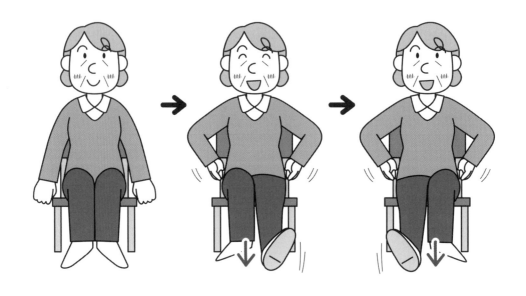

みちお先生のケアポイント

・椅子に浅く腰掛けてすると足が伸ばしやすくなります。（バランスを崩
　さないように注意）

⑤ かかとを上げて「考える人」

足を閉じて，かかとを上げて，あの「考える人」のポーズをしましょう！

ねらい
とききめ 　足腰強化　バランス力アップ

楽しみかた

① 椅子に浅く腰掛けて，足を閉じて，かかとを上げます。

② （いかにも考えてる風に）片手をひざに置いて，反対の手でほおづえをつきましょう！

③ 手を替えて同様にします。

手を
替えて同様に

みちお先生のケアポイント

・むずかしいときは，かかとを下ろしてもオッケーです。

立ってするときは

・両手は座位と同様で，足だけ片足立ちでトライしましょう！

⑥ 右に左にグーパンチ

ファイティングポーズの姿勢から，右に左にパンチしましょう！

|| ねらい
とききめ　（体側のストレッチ）

楽しみかた

① 足を肩幅にひらいて，両手をグーにして，胸の前で構えます。
② 腕をまっすぐ伸ばすことを意識しながら，右手で左にパンチしましょう！
③ 元に戻して反対側も同様に。左右交互に２回ずつします。

左右交互に２回ずつ

みちお先生のケアポイント

・あまり力まないように。手を軽く握るように意識しましょう！

立ってするときは
・少しひざを曲げて，中腰の姿勢でしましょう！

⑦　ちょこっとスクワット

両手で椅子を押さえて，ほんのちょっとだけ腰を浮かせてください！

| ねらい
とききめ | 足腰強化 |

楽しみかた

① 　椅子に浅く腰掛けて，両手で椅子を支えます。

② 　ひじを伸ばすようにして，少しだけ腰を浮かせてみましょう！

③ 　一休みして，4回繰り返します。

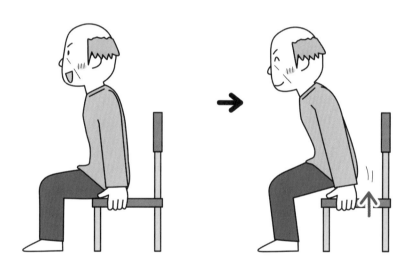

4回繰り返す

みちお先生のケアポイント

・おじぎをするような感じで，斜め前方向に動くように意識しましょう！

⑧ ひらいてひらいて①

両足をひらいて，つまさきを外に広げてみましょう！

ねらい
とききめ 〔 股関節の可動域維持 〕

楽しみかた

① 椅子に浅く腰掛けて，両足を肩幅よりも広くひらきます。
② 両手をひざに置いて，両足のつまさきを外側にひらきましょう！
③ 元に戻して一休み。４回繰り返します。

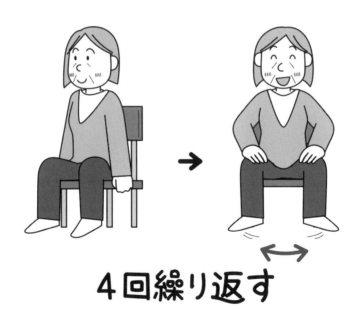

４回繰り返す

みちお先生のケアポイント

・両手でひざを外側に押すと，よりききめがあります！

立ってするときは
・相撲取りが四股ふみをするイメージでどうぞ！

⑨ ひらいてひらいて②

足を閉じて，つまさき，かかと，の順に繰り返してひらいていきましょう！

｜ねらい
**　とききめ**　（股関節の可動域維持）（足腰強化）

楽しみかた

①　椅子に浅く腰掛けて，足を閉じて，（両足の）つまさきをひらきます。

②　つまさきはそのままの位置でかかとをひらきます。

③　この動作（つまさき→かかと→つまさき→かかと）を繰り返して，できる限り両足をひらきましょう！

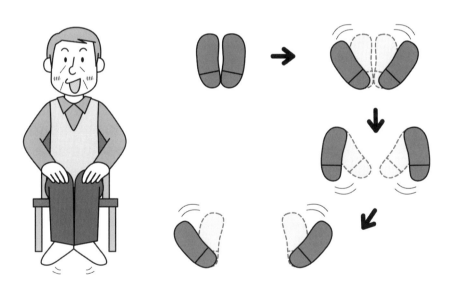

みちお先生のケアポイント

・あまり頑張りすぎないように。自分にできる範囲で，どうぞ！

立ってするときは
・椅子やかべなどを支えにすると，安全にできます。

⑩ ヒップバック

椅子に浅く腰掛けて，おしりをずらして後ろに移動してください！

┃ ねらい
　 とききめ　　┌ 股関節機能維持 ┐

楽しみかた

① 椅子に浅く腰掛けて，両手をひざに置きます。
② おしりを後ろに移動して（ずらして），深く腰掛けます。
③ 一休みして，4回繰り返します。

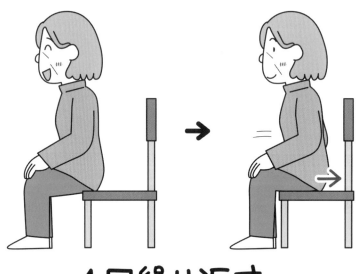

4回繰り返す

みちお先生のケアポイント

・おしりを左右に浮かせるようにすると，楽に動作できます！

 **コラム①**

60 分も体を動かしたのに「もう終わり？」

ボクの体操の時間は 60 分です。

しかも，休憩なし。
ずーっと，動きっぱなしです。
はっきり言って，要介護シニアには，長い。

なので，途中であきないように工夫を凝らしています。

たとえば，緩急をつける。

マジメにするときはマジメに。
ときどき笑いも混ぜる。
ちょうど歌もトークもある，歌手のコンサートのようです。

先日，体操終わりに，ある女性シニアがポツリと言いました。

「もう終わり？」

60 分も体を動かしたのに。
「もう終わり？」って。
それほど時間が経つのが早く感じたってことですから。
言い換えれば，「もっとやりたい！」ってことです。
なんだか，うれしい一言です。

でも，やりすぎは禁物。
ほどほどが肝心。
つづきは，また次回。

⑪ 顔の屈伸運動

口を横にひらいたり，鼻の下を伸ばしたりを繰り返してください！

ねらい
ときき　　こうくう
　　　　　　(口腔機能維持)

楽しみかた

① 　口を横にひらいて「いーーー」の口をします。
② 　鼻の下を伸ばして「もーーー」の顔をします。
③ 　一休みして，４回繰り返します。

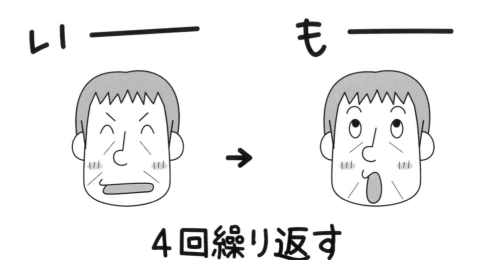

みちお先生のケアポイント

・②のときに，目線を上にすると最高に楽しいです！

立ってするときは
・①で休めの姿勢を，②できをつけの姿勢をします。

⑫ 背伸びで牛乳

片手を腰に当てて，顔を上げて牛乳を飲むポーズをしましょう！

| ねらい
| ときめ　（姿勢保持）

楽しみかた

① 足を肩幅にひらいて，背筋を伸ばします。

② 片手を腰に当て胸を張り，反対の手で牛乳を飲むマネをします。

③ 手を替えて同様にします。左右交互に２回ずつします。

左右交互に
２回ずつ

みちお先生のケアポイント

・なるべく美味しそう〜な顔で，どうぞ！

⑬ 手足でドンパン

拍手と片足ドンの動作を同時に行ってください！

┃ねらい
┃とききめ　(バランス力アップ)　(足裏刺激)

楽しみかた

① 片足を上げて，手をたたく準備（構え）をします。
② 足を下ろすのと同時に，拍手を1回します。
③ 足を替えて同様にします。（左右交互に4回ずつ）

パン

ドン

左右交互に4回ずつ

みちお先生のケアポイント

・なるべくパンといい音が出るように意識しましょう！

立ってするときは
・ゆっくりと動作すると，運動効果がアップします！

⑭ 振り向いてピース

後ろを振り向いて，ニッコリ笑って，ピースしてください！

▍ねらい
　とききめ　　（体側と指のストレッチ）

楽しみかた

① 　足を肩幅にひらいて，背筋を伸ばします。
② 　片手を腰に，反対の手でピースをして，後ろを振り向きましょう！
③ 　反対側の動作も同様にします。（左右交互に2回ずつ）

左右交互に
2回ずつ

みちお先生のケアポイント

・シニアと支援者で，背中合わせで，同時に振り向いても楽しいです！

⑮ 足裏キック

足裏でキックするように，かかとを前に押し出してください！

▎ねらい
とききめ　（ふくらはぎのストレッチ）

楽しみかた

① 椅子に浅く腰掛けて，両手で椅子をつかみます。

② かかとを前に押し出すようにして，片足でキックしましょう！

③ 足を替えて同様にします。（左右交互に２回ずつ）

左右交互に
２回ずつ

みちお先生のケアポイント

・足は高く上げなくてもオッケーです。かかとを遠くへ押し出す意識を持ちましょう！

⑯ 反復横跳び

座ったまま反復横跳びをするつもりで，両足を左右に移動しましょう！

ねらい
ときき目　　(足腰強化)

楽しみかた

① 　足を腰幅にひらいて，両手で椅子を押さえます。
② 　両足を（足1足分だけ）横に移動します。
③ 　元に戻して反対側も同様にします。（左右交互に2回ずつ）

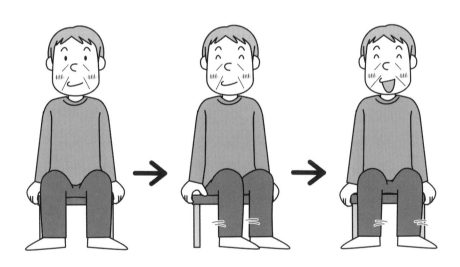

左右交互に2回ずつ

みちお先生のケアポイント

・両足を上げずに，ズラすようにして横に移動するとかんたんです！

⑰ ひらいて伸ばして

片足をひらいて，横に伸ばしましょう！

ねらい
とききめ 　〔 股関節の柔軟性維持 〕

楽しみかた

① 椅子に浅く腰掛けて，両手で椅子を押さえます。

② なるべくひざを伸ばすように意識して，片足を横に伸ばします。

③ 足を替えて同様にします。（左右交互に２回ずつ）

左右交互に
２回ずつ

みちお先生のケアポイント

・横に伸ばすのがむずかしいときは，ななめ前に片足を伸ばしてもオッケーです。

⑱ ピタリ止めましょう

両足を下ろして，地面スレスレで止めましょう！

| ねらい
とききめ | 腹筋強化 | バランス力アップ |

楽しみかた

① 　足を閉じて，両手で椅子を押さえます。
② 　両足を前に伸ばして上げて，かかとから下に落として，地面スレスレで
止めましょう！
③ 　一休みして，４回繰り返します。

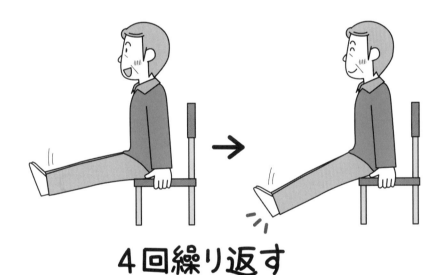

４回繰り返す

みちお先生のケアポイント

・むずかしいときは，片方の足だけで左右交互にしてもオッケーです！

立ってするときは
・足を肩幅にひらいて，かかとの上げ下ろしをしてください。

⑲ 押すだけ腹筋運動

両手をおなかに当てて，手とおなかで押し合いっこしましょう！

┃ねらい
┃とききめ　（腹筋強化）（姿勢保持）

楽しみかた

① 足を肩幅にひらいて，両手をおなかに当てて軽く押します。

② 手を押し返すつもりで，おなかに力を入れましょう！

③ 一休みして，５回繰り返します。

ぐっ　　　　　　　　　　　　　５回繰り返す

みちお先生のケアポイント

・②のときに「フ〜〜〜」と息をはきだすとパワーアップします！

立ってするときは
・少し腰を落として，しっかりと両足で踏ん張ってしましょう！

⑳ 感激のグーパー

「ヤッター」という感じで，頭の後ろから両腕を上に伸ばしましょう！

ねらい
とききめ　　（握力アップ）（肩こり予防）

楽しみかた

① 　上を向いて，頭の後ろで両手を軽く握ります。
② 　胸を張って，両腕を上に伸ばして，両手の指を全開にしましょう！
③ 　一休みして，4回繰り返します。

4回繰り返す

みちお先生のケアポイント

・②のときに，自分の中で一番いい顔をしてください！

立ってするときは
・少し腰を落として，しっかりと両足で踏ん張ってしましょう！

㉑ おじぎストレッチ

足を閉じて，背筋を伸ばしたまま上体を前に倒しましょう！

**ねらい
とききめ**　　(股関節の可動域維持)

楽しみかた

① 足を閉じて，背筋を伸ばして，両手をひざに置きます。
② 背筋を伸ばしたまま，ゆっくりと上体を前に倒しましょう！
③ 元に戻して一休み。4回繰り返します。

4回繰り返す

みちお先生のケアポイント

・おじぎの角度は，斜め45度をイメージしましょう！

立ってするときは
・おしりを後ろに突き出す意識でどうぞ！

㉒ ドアノブ回し

ドアノブを回すつもりで，手首を動かしましょう！

│ ねらい
**　 とききめ**　（手首の柔軟性維持）

楽しみかた

① 　片方の手を前に出して，軽く握ります。

② 　ドアノブをつかんで回すように，手首を左右にひねります。

③ 　手を替えて同様にします。（左右交互に４回ずつ）

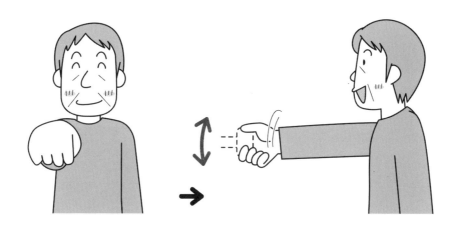

左右交互に２回ずつ

みちお先生のケアポイント

・ドアを押して（または引いて）空ける動作をプラスしても楽しいです。

㉓ バンザイジャンケン

両腕を上に伸ばして，両手でグーチョキパーをしましょう！

| ねらい
とききめ | 胸と腕のストレッチ | 手先の器用さ維持 |

楽しみかた

① 足を肩幅にひらいて，胸を張ります。
② 両腕を上に伸ばして，なるべく高い位置でグーチョキパーをします。
グーは両手を組む，チョキは両腕をクロスさせる，パーは腕を大きくひらきます。
③ 一休みして，4回繰り返します。

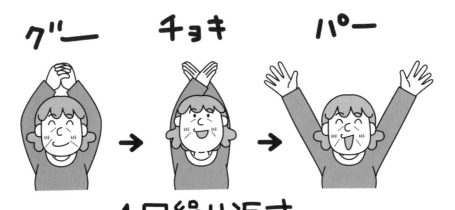

みちお先生のケアポイント

・②のときに，顔を上げると最高です！

立ってするときは
・余裕があれば，②のときにかかとを上げてトライしてください！

㉔ 引っ張って

照明のひもを引っ張るように，片手を下に引きましょう！

ねらい
とききめ 　（巧緻性維持）

楽しみかた

① 　片方の腕を上げて，手を軽く握ります。

② 　照明のひもを引っ張るように，片手を下に引きます。

③ 　手を替えて同様にします。（左右交互に４回ずつ）

左右交互に
４回ずつ

みちお先生のケアポイント

・やさしく引いたり，強めに引いたり，強弱を変えると楽しくできます。

㉕ なべぶたつまみ

なべのふたをつまんで持ち上げるように手指を動かしましょう！

ねらい
とききめ 〔 手先の器用さ維持 〕

楽しみかた

① 片方の手を前に伸ばして，手のひらを下にします。
② 親指と人差し指でなべのふたをつまんで持ち上げる動作をします。
③ 手を替えて同様にします。（左右交互に４回ずつ）

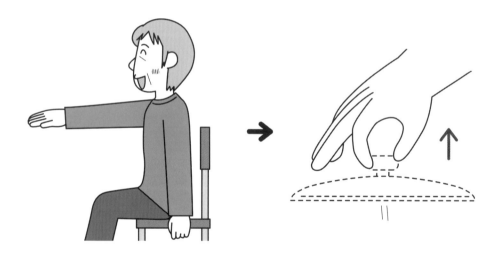

左右交互に４回ずつ

みちお先生のケアポイント

・親指と人差し指をくっつけてもオッケーです。

㉖ 飛び込みのポーズ

飛び込みのイメージで，両腕を前に伸ばしましょう！

ねらい
とききめ 　〔 背中のストレッチ 〕

楽しみかた

① 　足を肩幅にひらいて，手のひらを下にして，両腕を前に伸ばします。

② 　おへそを覗き込むようにして，両腕の間に頭を入れましょう！

③ 　一休みして，４回繰り返します。

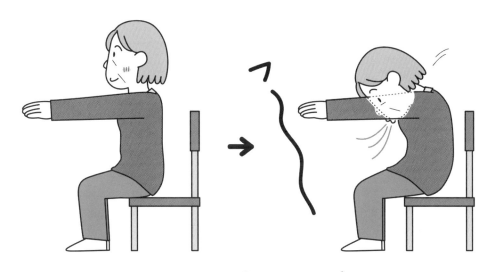

４回繰り返す

みちお先生のケアポイント

・②のときに息を止めないように。口から「フ〜〜〜」とはきましょう！

㉗ リール巻き

釣りのリールを巻くようにして，手腕をグルグル回しましょう！

▎ねらい
　とききめ　　（肩の柔軟性維持）

楽しみかた

① 椅子に浅く腰掛けて，両手を胸の前に出します。
② 片手を軽く握り，釣りのリールを巻くように，グルグルと８回回します。
③ 手を替えて同様にします。（左右交互に２回ずつ）

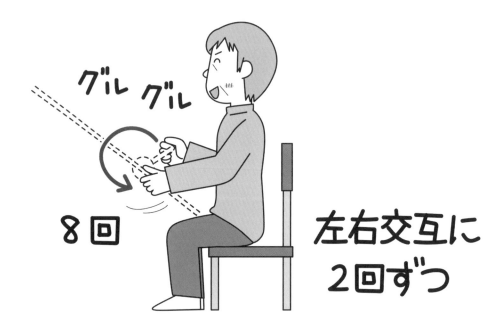

みちお先生のケアポイント

・②のときに，ゆっくりと大きく円を描くように動かすと，運動効果アップです。

㉘ 上を向いて捻（ひね）ろう

背筋を伸ばして，顔を上げて，横を向きましょう！

▌ねらい
　ときゝめ　　(柔軟性維持)　(血行促進)

楽しみかた

① 　足を肩幅にひらいて，背筋を伸ばして，両手を頭の上に置きます。

② 　背筋を伸ばしたまま，顔を上げた状態で横に向けましょう！（斜め上を見るイメージで）

③ 　ゆっくりと元に戻します。反対側も同様にします。（左右交互に２回ずつ）

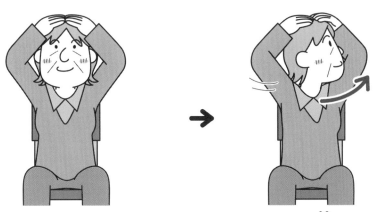

左右交互に２回ずつ

みちお先生のケアポイント

・むずかしいときは，両手を腰に置いてするとかんたんにできます！

立ってするときは

・右上を見るときは，右足の親指を強めにふむように意識してください。
　（左上のときは左足の親指）

㉙ 足組んで腕組んで

足組みをして，腕組みをして，深呼吸しましょう！

┃ ねらい
┃ とききめ　（姿勢保持）

楽しみかた

① 椅子に浅く腰掛けて，足を組みます。

② 背筋を伸ばして，腕を組んで深呼吸を１回します。

③ 一休みして，足を組み替えて同様にします。交互に２回ずつします。

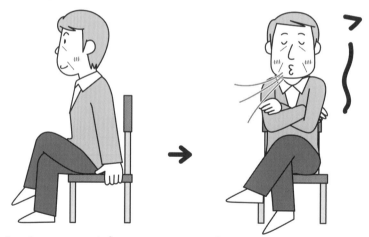

足を組み替えて同様に
交互に２回ずつ

みちお先生のケアポイント

・足を組むのがむずかしいときは，足を（床につけたまま）クロスするだけでもオッケーです。

㉚ セーターを着る

セーターを着るようなイメージで，首と手を伸ばしましょう！

ねらい
とききめ 　(肩関節の柔軟性維持)(腕のストレッチ)

楽しみかた

① 　セーターに首を通す要領で，手を下げ，首を伸ばします。

② 　袖に手を通すようにして，片方の腕を伸ばします。

③ 　手を替えて同様にします。最後に，いい顔をしておしまいです。

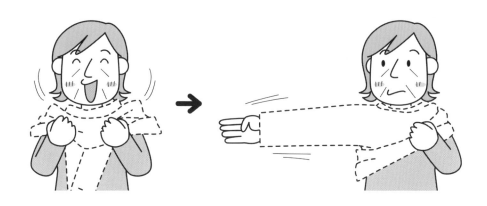

手を替えて同様に

みちお先生のケアポイント

・何回か繰り返した後に，脱ぐ動作も入れると効果がアップします！

39

㉛ エアおにぎり

いかにもおにぎりをつくっているようなマネをしてください！

> ねらい
> とききめ　（手先の器用さ維持）

楽しみかた

① 足を肩幅にひらいて，背筋を伸ばします。
② 両手を使って，いかにもおにぎりを握っているような動作をしましょう！
③ 小・中・大，特大。いろんなサイズのおにぎりを握りましょう！

小・中・大・特大
いろんなサイズを
にぎりましょう

みちお先生のケアポイント

・できれば，出来上がったおにぎりを美味しそうに食べてください！

㉜ 入浴体操

お風呂気分で，全身を洗って，気分さっぱりしましょう！

ねらいとききめ　血行促進　柔軟性維持

楽しみかた

① 右腕をゴシゴシして，左腕をゴシゴシします。
② 右足をゴシゴシして，左足をゴシゴシします。
③ 背中をゴシゴシして，顔を洗って，最後はニッコリ笑って終わります。

みちお先生のケアポイント

・気持ちのよい力加減でしましょう！

33 グーパーワルツ

3拍子のリズムで「グーグーパー」を繰り返しましょう！

ねらい ときき目

指先の力強化　リズム体感

楽しみかた

① 胸の前で，３拍子でグーグーパーをします。
② グーは軽く，パーは全部の指をできる限りいっぱいにひらきましょう！
③ 一休みして，５回繰り返します。

みちお先生のケアポイント

・あまり力まないように。肩と腕の力を抜いてしまいましょう！

立ってするときは

・①のときに，軽くひざの曲げ伸ばしをすると，リズムがとりやすくなります。

㉞ クロスしてはいチーズ

腕をクロスして，人差し指をほっぺにつけたらニッコリしましょう！

ねらい
とききめ　　(指のストレッチ)　(表情づくり)

楽しみかた

①　マジメな顔をして，両手の人差し指を伸ばします。

②　胸の前で両腕をクロスして，人差し指をほっぺたにつけましょう！

③　首を傾けて，ニッコリ笑って終わります。2回繰り返します。

ニッコリ

2回繰り返す

みちお先生のケアポイント

・できれば，シニアと支援者，目と目を見つめ合って。どうぞ！

立ってするときは
・②のときに，片ひざをついてみましょう！

35 ドライブ気分

車の運転をするつもりで，ハンドルを回す動作をしましょう！

▎ねらい
とききめ 　[手首の柔軟性維持]

楽しみかた

① 両腕を前に伸ばして，軽くひじを曲げます。

② 車のハンドルを握って左に回す動作をします。（左カーブ）

③ 元に戻して，右に回す動作をします。（左右交互に4回ずつ）

左右交互に4回ずつ

みちお先生のケアポイント

・クラクションを鳴らしたり，アクセルやブレーキを踏む動作も入れると
　楽しくできます！

㊱ たたいてトントン

ドアをノックするときのように，手首を動かしましょう！

| ねらい
と ききめ | 手首の柔軟性維持 |

楽しみかた

① 　肩と腕の力を抜いて，リラックスします。
② 　片方の手を軽く握って，「トントン」とドアをノックする動作をします。
③ 　手を替えて同様にします。（左右交互に４回ずつ）

トン
トン

左右交互に
４回ずつ

みちお先生のケアポイント

・②のときに，手に力を入れずに，手首をやわらかくしましょう。
・㉒のドアノブ回しと組み合わせると効果がアップします！

③7 鼻とほっぺたチェ～ンジ

片手は鼻に，反対の手はほっぺに，左右の手を入れ替えてみましょう！

ねらい
とききめ 〔巧緻性維持〕〔脳トレ〕

楽しみかた

① 右手の人差し指を鼻の上に，左手の人差し指を右のほっぺにつけます。
② 左手の人差し指を鼻の上に，右手の人差し指を左のほっぺにつけます。
③ この動作を，何度か繰り返します。

何度か繰り返す

みちお先生のケアポイント

・徐々にスピードを上げていくと楽しいです！

㊳　つり革につかまる

つり革をつかむように，片手を上げましょう！

ねらい
とききめ　　$\boxed{\text{肩の柔軟性維持}}$

楽しみかた

① 　肩と腕の力を抜いて，リラックスします。

② 　片方の腕を上げて，軽く手を握って，つり革をつかむポーズをします。

③ 　手を替えて同様にします。（左右交互に４回ずつ）

手を替えて同様に
４回繰り返す

みちお先生のケアポイント

・電車に乗ってる感じで，腕や体を軽く揺らすと楽しいです。

㊴ 階段上り

階段を上るイメージで，足ぶみをしましょう！

ねらい
とききめ　足腰強化

楽しみかた

① 椅子に浅く腰掛けて，足を腰幅にひらきます。
② 階段を上るつもりで，片足を上げたらそのままにして，反対の足を上げたら下ろします。
③ 足を替えて同様にします。一休みして，４回繰り返します。

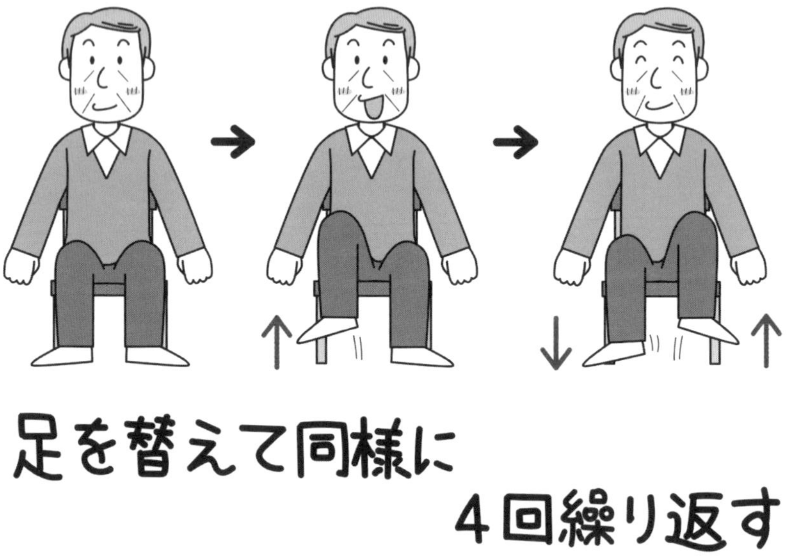

みちお先生のケアポイント

・あわてずに，１歩１歩ゆっくりとていねいに動作しましょう！

㊵ 指折りパッと

親指から小指まで順に指を折って，両手を全開しましょう！

**ねらい
とききめ**　　〔 手先の器用さ維持 〕

楽しみかた

① 　片手を前に出して，パーにします。

② 　親指から小指まで１本ずつ順に指を曲げていきます。

③ 　花がひらくように，全部の指をパッとひらきます。左右交互に４回繰り
返します。

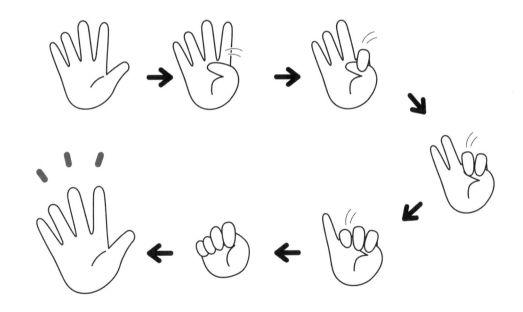

みちお先生のケアポイント

・③のときに，ニッコリ笑ってすると楽しくできます！

# コラム②

全員を大爆笑させた女性シニアの一言

「よろしいーーー！」

ある女性シニアが，ボクにそう言いました。
その瞬間，まわりの人は，大爆笑。
実は，これ，ボクがあることをしたからなんです。
一体，何をしたか？　というと。

土・下・座。

その女性シニアの目の前で，いきなり土下座をします。
（意味はありません）

すると，いつも決まってこう言います。
「よろしいーーー！」
それはそれは，上機嫌なご様子で。
これが，いつものお決まりのパターンなのです。
ところがっ！

その日，いつもと同じように土下座をすると。
「……」
何も言いません。
どうしたのかな？
と，思ってたら，ちょっと間を置いて，出た一言がこれ。

「ごくろうさまです」

いつもと違って，口調も優しい。
思わずズッコケるボク。全員大爆笑。
おかげさまで，その日も，楽しい体操になりました。

41　# 円形で体操するときは円周上で見本を見せる

円形に座って体操するときには，全体が見渡せるように，支援者
は円周上で見本を見せましょう！

ねらい
とききめ　　（わかりやすさ）

楽しみかた

① 　体操の隊形として，円形で体操をすることがあります。円形で体操をす
るときは，支援者が円の中央ではなく，円周上で見本を見せるようにします。

② 　円の中央だと，支援者から見て，全体を見渡せなくなります。シニアも
座る位置によって，見え方が変わってしまいます。

③ 　こういう場合は，円周上（シニアの間）で，体操の見本を見せると，全
体が見渡せるようになります。

みちお先生の魔法のテクニック

・椅子を並べるときに，両手を横に広げてぶつからない程度に，あらかじ
め間隔を空けておくとよいです！

㊷ グーパーでマンネリ解消

「体操がマンネリしてつまらない」という人は，こうすれば体操がおもしろくなります！

▍ねらい
　とききめ　（創造力アップ）

楽しみかた

① 　グーパーはとってもかんたんにできる体操なんです。ちょっとアレンジするだけで，何種類にも増やせちゃいます。

② 　たとえば。・ゆっくりとする　・速くする　さらに，・超ゆっくりとする　・超速くする　これだけでもうすでに４種類出来上がり！

③ 　さらにさらに，・足ぶみしながらする　・バンザイしてする　・かっこよくする　・力一杯する　・笑ってする　・めちゃくちゃにする　みなさんも，おもしろいグーパー体操，ぜひ，考えてみてください！

みちお先生の魔法のテクニック

・「３分間グーパー体操」「今日はグーパー体操だけの日」など，テーマを決めておくと，「もう，やるしかない！」となるので，新たな体操を創るきっかけになります。

43 たった5分でも大歓迎

**「途中でやめてもいい」と知らせておくと，気軽に参加してもら
えます！**

ねらい
とききめ　〔 参加者数アップ 〕〔 意欲増進 〕

楽しみかた

① 体操の際中，途中で帰ってはいけない。そんな雰囲気が参加を躊躇させ
る原因になります。

② なので，ボクの体操は，「出入り自由」「いつ来ても，いつ帰ってもオッ
ケー」と伝えておきます。

③ 「いつでも自由にやめられる」ことで，安心して気軽に参加できるよう
になります。

みちお先生の魔法のテクニック

・「健康にいいから」という理由で，無理矢理に参加させるシーンを見か
けることがあります。いやいや体操しても，健康には逆効果のように思
います。

44 びっくり顔だけでシニアをほめる

しゃべらなくても表情だけで，シニアをほめることができます！

ねらい
とききめ 　（無言でほめる）（いい気分）

楽しみかた

① ボクが人差し指を伸ばしてるのに，なぜか，親指を伸ばす人がいます。
② そういうとき，ボクは，無言で，その人を凝視します。5秒，10秒，15秒……。すると，ボクの視線に気づいて，間違えを修正します。
③ すかさず，ボクが，「すごい！」という感じで，びっくり顔をします。こんなふうにすると，声を出さずに相手をほめることができます。

みちお先生の魔法のテクニック

・両手を上げたり，のけぞったりする動作をすれば，びっくり顔をさらに強調できます！

㊺ ホワイトボード超活用法

ホワイトボードや黒板に，体操のメニューを書いておくと，これから何をするのかがシニアにもよくわかります。

┃ ねらい
　 とききめ
〔 わかりやすさ 〕〔 期待感アップ 〕

楽しみかた

① 体操が始まる前に，ホワイトボードに，「本日の内容」として，その日にする体操を書き出しておきます。

② シニアに好評な体操や，誰かが大好きな体操を書いておくことで，期待が膨らみ意欲増進につながります。

③ 「次何するんだっけ」と内容を忘れたとしても，ホワイトボードを見ながらできるので，とても安心です。

みちお先生の魔法のテクニック

・ホワイトボードに文字を書くときは，なるべく太いペンで，大きく書くと，シニアも読みやすくなります。

46 体操を間違えてもそのままスルー

間違えを修正するより，うまくできているときにほめたほうが，シニアも気持ちよく体操できます！

ねらい
とききめ （テンポアップ）（雰囲気づくり）

楽しみかた

① ボクは，シニアが体操を間違えても，あえて修正しません。

② 一人ひとりそれをすると時間がもったいないし，シニアも，注意されてる，間違ってる，正しくできていない，そんな気分になります。

③ たくさんの体操をするので，多少間違っても問題ありません。それよりも，できているときにほめたほうが，気分がいいし，効果的です。

みちお先生の魔法のテクニック

・ボクの体操は，正しさよりも楽しさ重視。「楽しかった」「またやりたい」そう感じていただけたら最高です！

47 気持ちを込めているように見せる方法

泣いてる動作が悲しそうに見えるように，動作でかんたんに感情を表現できます！

ねらい
とききめ 　（ 表現力アップ ）

楽しみかた

① 　たとえば，グーパーするとき。両手を胸に当てて，うつむき加減に，両手を握ります。

② 　そのあとで，胸を張って，両手を広げて，両手を全開にします。

③ 　こうするだけでも，何か気持ちの込められた動作に見えます。「ただするだけのグーパー」よりも，「気持ちを込めてる風グーパー」のほうが，断然，魅力を感じます。

みちお先生の魔法のテクニック

・下を向く，顔を上げる，目を閉じる……。動作をグーパーにちょい足しして，思う存分に楽しんでください！

㊽ 居眠りしている人は起こさない

居眠りしている人を無理矢理起こすようなことはしません。が，そのかわりに……。

|| ねらい
とききめ | 雰囲気づくり |

楽しみかた

① 体操の際中，ときどき，居眠りする人がいらっしゃいます。

② そんなとき，ボクは，そうっと近寄って，下から顔を覗き込みます。もちろん，寝てるので反応がありません。

③ （そんな様子を目撃した）まわりの人からは，クスクス笑いが巻き起こります。

みちお先生の魔法のテクニック

・ほかにも，手をかざしたり，手を振ったり……。反応がないのを確かめるフリをしたりして，笑いも楽しさも倍増です！

㊾ 強弱で表現を豊かに

動きに強弱をつけるだけで，体操が表現（芸術）レベルになります！

■ ねらい
　ときめ　〔 表現力アップ 〕

楽しみかた

① 　たとえば，肩体操。肩を上げるとき力強く，下げるときに弱く（脱力）します。

② 　そうすることで，相手も，力の強弱を感じ取ります。

③ 　このように，体操するときには，伝える側が，「強弱をつけた動作」を意識すると，体操がぐんと楽しくなります。

みちお先生の魔法のテクニック

・強弱を表現するのに，顔の表情や，身振り手振りを加えたら，相手にびんびん伝わります！

㊿ 「足ぶみ」するなら「きをつけ」から

足ぶみのときに，足ぶみだけでなく，ほかの動作もちょい足ししましょう！

ねらい とききめ	運動効果アップ

楽しみかた

① たとえば，足ぶみするとき。すぐに足ぶみをするのではなく，はじめに，きをつけの姿勢をします。それも，胸を張って，指先までピンと伸ばして，つまさきをひらいて。できるかぎり，かっこよく。

② そうすれば，シニアもその姿勢をマネします。これも，ひとつの動作（体操）になります。

③ そのあとで，腕を前後に振りながら，足ぶみをします。最後に，再びかっこよくきをつけをして終わります。きをつけをすることで，胸を張ったり，指先を伸ばしたり……。身体機能を高める機会をぐんぐん増やすことができます。

みちお先生の魔法のテクニック

・きをつけをしたときに，わざとかっこ悪い見本を見せておいてから，両手で×印をすると（これはダメという意味で），笑いが起こります。かっこいい見本とかっこ悪い見本のギャップを大きくするのが秘訣です。

おわりに

介護現場で「しゃべらなくても楽しい体操」が選ばれる理由

手芸，生け花，体操。

これは，今，ある介護施設で実施されているレクリエーション活動です。
実は，この介護施設には，全部で 15 のレクリエーション活動があります。

にもかかわらず，実施されているのは，たったの 3 つだけ。

理由は……。

そうです。コロナです。
なので，ほかの 12 のレクリエーション活動は，すべて中止です。

なので，手芸，生け花，体操。

「あれっ？」と思いませんか。

手芸と生け花は，わかります。
なぜなら，少人数で，ほとんど声も出しませんから。

では，「どうして体操がいいのか？」

理由を尋ねてみました。

こたえは，「声を出さずに体操をするから」。
「声を出さない」というのは，大きなメリットがあるということがよくわかりました。

黙食（黙って食事する）

黙浴（黙って入浴する）

今，「黙って○○する」という言葉を，頻繁に見かけます。

「黙動」（黙って運動する）

そのうち，こんな言葉も生まれるかもしれません。

とにかく，今は，介護現場のシニアが，少しでも安心して，体を動かすことができる。

そうすることが，ボクの一番の目標です。

それが，介護現場で役立つのであれば，こんなうれしいことはありません。

　令和5年1月

　　　　　　　　　　体操アーティスト　斎藤道雄

著者紹介

●斎藤道雄

体操講師，ムーヴメントクリエイター，体操アーティスト。

クオリティ・オブ・ライフ・ラボラトリー主宰。

自立から要介護シニアまでを対象とした体操支援のプロ・インストラクター。

体力，気力が低下しがちな要介護シニアにこそ，集団運動のプロ・インストラクターが必要と考え，運動の専門家を数多くの施設へ派遣。

「お年寄りのふだん見られない笑顔が見られて感動した」など，シニアご本人だけでなく，現場スタッフからも高い評価を得ている。

[お請けしている仕事]

○体操教師派遣（介護施設，幼稚園ほか）　○講演　○研修会　○人材育成　○執筆

[体操支援・おもな依頼先]

○養護老人ホーム長安寮

○有料老人ホーム敬老園（八千代台，東船橋，浜野）

○淑徳共生苑（特別養護老人ホーム，デイサービス）ほか

[講演・人材育成・おもな依頼先]

○世田谷区社会福祉事業団

○セントケア・ホールディングス（株）

○（株）オンアンドオン（リハビリ・デイたんぽぽ）ほか

[おもな著書]

○『しゃべらなくても楽しい！　シニアの笑顔で健康体操 40 ＋体操支援 10 のテクニック』

○『しゃべらなくても楽しい！　シニアの立っても座ってもできる運動不足解消健康体操 50』

○『しゃべらなくても楽しい！　シニアの若返り健康体操 50』

○『しゃべらなくても楽しい！　シニアの元気を引き出す健康体操 50』

○『超楽しい！　シニアの健康どうぶつ体操 50』

○『しゃべらなくても楽しい！　シニアの足腰を鍛える転倒予防体操 50』

○『しゃべらなくても楽しい！　シニアに超やさしい筋トレ・脳トレ・ストレッチ体操 50』

○『しゃべらなくても楽しい！　要介護のシニアも一緒にできる超やさしいケア体操 50』

○『しゃべらなくても楽しい！　シニアの運動不足解消＆ストレス発散体操 50』

○『しゃべらなくても楽しい！　シニアの超盛り上がるレク体操 50』

○『しゃべらなくても楽しい！　シニアの筋力アップ体操 50』

○『しゃべらなくても楽しい！　シニアの座ってできる健康体操 50』（以上，黎明書房）

[お問い合わせ]

ホームページ「要介護高齢者のための体操講師派遣」: http://qollab.online/

メール： qollab.saitoh@gmail.com

＊イラスト・さややん。

しゃべらなくても楽しい！　シニアの筋力低下予防体操 40
＋体操が楽しくなる！　魔法のテクニック 10

2023 年 3 月 1 日　初版発行

著　者　斎　藤　道　雄
発行者　武　馬　久仁裕
印　刷　藤原印刷株式会社
製　本　協栄製本工業株式会社

発　行　所　　株式会社　黎　明　書　房

〒460-0002　名古屋市中区丸の内 3-6-27　EBS ビル　☎ 052-962-3045
FAX 052-951-9065　振替・00880-1-59001
〒101-0047　東京連絡所・千代田区内神田 1-12-12　美土代ビル 6 階
☎ 03-3268-3470

しゃべらなくても楽しい！ シニアの笑顔で健康体操40＋体操支援10のテクニック 斎藤道雄著　　　　B5・63頁　1700円	「おさるさんだよ〜」をはじめ，思わず笑ってしまうほど楽しくて誰でも続けられる体操40種と，支援者のための10のテクニックを紹介。シニアお一人でもお使いいただけます。2色刷。
しゃべらなくても楽しい！ シニアの立っても座ってもできる運動不足解消健康体操50 斎藤道雄著　　　　B5・63頁　1700円	立っても座ってもできるバラエティー豊かな体操で，楽しく運動不足解消！ 「かんぱーい！」「ふたりのキズナ」など，効果的な体操がいっぱい。シニアお一人でもお使いいただけます。2色刷。
しゃべらなくても楽しい！ 認知症の人も一緒にできるリズム遊び・超かんたん体操・脳トレ遊び 斎藤道雄著　　　　B5・64頁　1700円	①しゃべらない，②さわらない，③少人数を守って楽しく体や頭を動かせるレクが満載。『認知症の人も一緒に楽しめる！ リズム遊び・超かんたん体操・脳トレ遊び』をコロナ対応に改訂。2色刷。
しゃべらなくても楽しい！ シニアの若返り健康体操50 斎藤道雄著　　　　B5・63頁　1700円	シニアの若さの秘訣は元気と笑顔！ 「ホップ・ステップ・ジャンプ」などの楽しい体操で，しゃべらずに座ったまま効果的に運動できます。シニアお一人でもお使いいただけます。2色刷。
しゃべらなくても楽しい！ シニアの元気を引き出す健康体操50 斎藤道雄著　　　　B5・63頁　1700円	「感動のグーパー」「キラキラウォーク」などの愉快な体操が，シニアの元気を引き出します。声を出さずに座ったまま，楽しみながら健康づくり。シニアお一人でもお使いいただけます。2色刷。
超楽しい！ シニアの健康どうぶつ体操50 斎藤道雄著　　　　B5・63頁　1700円	「ねこの洗顔体操」など，色々な動物の動きをマネするだけのかんたん体操。どの体操も座ったままできて，準備や長い説明も一切なし！ 立ってする場合のアドバイスも付いています。2色刷。
しゃべらなくても楽しい！ シニアの足腰を鍛える転倒予防体操50 斎藤道雄著　　　　B5・63頁　1700円	シニアの足腰を鍛える，「しゃべらなくても楽しい」体操を50種収録。椅子に座ったままでき，道具や準備も必要なし。「足指の魔術師」などの安心・安全な体操で，楽しく転倒予防！ 2色刷。
しゃべらなくても楽しい！ シニアに超やさしい筋トレ・脳トレ・ストレッチ体操50 斎藤道雄著　　　　B5・63頁　1700円	「おへそで腹筋」などの，しゃべらずに，支援者の身振り手振りをマネするだけの，Withコロナ時代の新しい体操を50種収録。シニアお一人での健康づくりにもおすすめです。2色刷。
しゃべらなくても楽しい！ 要介護のシニアも一緒にできる超やさしいケア体操50 斎藤道雄著　　　　B5・63頁　1700円	しゃべらずに，支援者の身振り手振りをマネするだけで出来る体操を50収録。「スゴ腕ドリル」などの体操で，座ったまま誰でも楽しく運動できます。シニアお一人での健康づくりにも。2色刷。

表示価格は本体価格です。別途消費税がかかります。

■ホームページでは，新刊案内など，小社刊行物の詳細な情報を提供しております。「総合目録」もダウンロードできます。
http://www.reimei-shobo.com/